Carbs & Cals

Books

Apps

www.carbsandcals.com

Contents

Introduction

Welcome to the **Carbs & Cals & Protein & Fat Pocket Counter**. This condensed book has been produced to act as a quick reference guide to help you easily see the carbohydrate, calorie, protein and fat values in a wide range of food and drink.

A small and large portion is represented for most foods within the book. For a greater variety of photos (up to 6 portions of each food) and more in-depth information about healthy eating, weight loss and daily recommendations, please see the full-size version called **Carbs & Cals & Protein & Fat**.

All foods in this book are displayed on one of the following dishes: **20cm side plate, 26cm dinner plate, 14cm cereal bowl, 22cm large bowl.**

There is a yellow border around the fruit & veg portions that count as one of your 5-a-day.

The weight of each portion is stated below each photo, just in case you want to double-check the weight of your own portion. **This is always the cooked / prepared weight.**

Values for carbohydrate, protein and fat are given to the nearest whole gram. Therefore, if a portion only has 0.4g of fat, it will be listed as having a value of 0g fat and if a food has 0.6g of fat, it will be written as 1g fat.

Bourbon Cream

| 8g CARBS | 58 CALS | 1g PROTEIN | 3g FAT |

Weight: 12g

Chocolate Digestive

| 10g CARBS | 74 CALS | 1g PROTEIN | 4g FAT |

Weight: 15g

Chocolate Chip Cookie

| 7g CARBS | 47 CALS | 1g PROTEIN | 2g FAT |

Weight: 10g

Chocolate Oat Biscuit

| 12g CARBS | 91 CALS | 1g PROTEIN | 4g FAT |

Weight: 19g

Custard Cream

| 8g CARBS | 61 CALS | 1g PROTEIN | 3g FAT |

Weight: 12g

Digestive

| 10g CARBS | 70 CALS | 1g PROTEIN | 3g FAT |

Weight: 15g

Fig Roll

| 15g CARBS | 79 CALS | 1g PROTEIN | 2g FAT |

Weight: 21g

Ginger Biscuit

| 8g CARBS | 44 CALS | 1g PROTEIN | 1g FAT |

Weight: 10g

Gingerbread Man

38g CARBS	**222** CALS	**3g** PROTEIN	**8g** FAT

Weight: 58g

Iced Ring

5g CARBS	**28** CALS	**0g** PROTEIN	**1g** FAT

Weight: 6g

Jaffa Cake

| 10g CARBS | 49 CALS | 1g PROTEIN | 1g FAT |

Weight: 13g

Jam Ring

| 13g CARBS | 79 CALS | 1g PROTEIN | 3g FAT |

Weight: 18g

Malted Milk

| 5g CARBS | 39 CALS | 1g PROTEIN | 2g FAT |

Weight: 8g

Nice

| 5g CARBS | 39 CALS | 1g PROTEIN | 2g FAT |

Weight: 8g

Oat Biscuit

10g CARBS	75 CALS	1g PROTEIN	3g FAT

Weight: 16g

Pink Wafer

6g CARBS	48 CALS	0g PROTEIN	3g FAT

Weight: 9g

Rich Tea

5g CARBS	32 CALS	1g PROTEIN	1g FAT

Weight: 7g

Shortbread Finger

10g CARBS	81 CALS	1g PROTEIN	4g FAT

Weight: 16g

Shortcake

7g CARBS	49 CALS	1g PROTEIN	2g FAT

Weight: 10g

Breadstick

4g CARBS	20 CALS	1g PROTEIN	0g FAT

Weight: 5g

Cheddar

3g CARBS	26 CALS	2g PROTEIN	1g FAT

Weight: 5g

Cheese Straw

3g CARBS	38 CALS	1g PROTEIN	3g FAT

Weight: 7g

Cream Cracker

| 5g CARBS | 33 CALS | 1g PROTEIN | 1g FAT |

Weight: 8g

Crispbread

| 8g CARBS | 35 CALS | 1g PROTEIN | 0g FAT |

Weight: 11g

Digestive (savoury)

| 9g CARBS | 61 CALS | 1g PROTEIN | 3g FAT |

Weight: 13g

Oatcake

| 6g CARBS | 41 CALS | 1g PROTEIN | 2g FAT |

Weight: 10g

Puffed Cracker

5g CARBS	48 CALS	1g PROTEIN	3g FAT

Weight: 9g

Rice Cake

6g CARBS	30 CALS	1g PROTEIN	0g FAT

Weight: 8g

Water Biscuit

5g CARBS	26 CALS	1g PROTEIN	1g FAT

Weight: 6g

Wholegrain Cracker

6g CARBS	33 CALS	1g PROTEIN	1g FAT

Weight: 8g

Sliced Bread (granary)

| **16g** CARBS | **78** CALS | **3g** PROTEIN | **1g** FAT |

Weight: 33g (medium slice)

| **21g** CARBS | **104** CALS | **4g** PROTEIN | **1g** FAT |

Weight: 44g (thick slice)

Sliced Bread (white)

| 15g CARBS | 72 CALS | 3g PROTEIN | 1g FAT |

Weight: 33g (medium slice)

| 20g CARBS | 94 CALS | 3g PROTEIN | 1g FAT |

Weight: 43g (thick slice)

Sliced Bread (wholemeal)

| 15g CARBS | 78 CALS | 3g PROTEIN | 1g FAT |

Weight: 36g (medium slice)

| 21g CARBS | 106 CALS | 5g PROTEIN | 1g FAT |

Weight: 49g (thick slice)

Bap (white)

| 25g CARBS | 122 CALS | 4g PROTEIN | 1g FAT |

Weight: 48g

Bap (wholemeal)

| 24g CARBS | 124 CALS | 5g PROTEIN | 2g FAT |

Weight: 51g

Crusty Roll (white)

| 24g CARBS | 113 CALS | 4g PROTEIN | 1g FAT |

Weight: 43g

Bagel

| 50g CARBS | 235 CALS | 9g PROTEIN | 2g FAT |

Weight: 86g

Burger Bun

| **40**g CARBS | **216** CALS | **7**g PROTEIN | **4**g FAT |

Weight: 82g

Finger Roll

| **21**g CARBS | **104** CALS | **4**g PROTEIN | **1**g FAT |

Weight: 41g

Poppy Seeded Roll

| 26g CARBS | 152 CALS | 6g PROTEIN | 3g FAT |

Weight: 54g

Pitta Bread

| 38g CARBS | 176 CALS | 6g PROTEIN | 1g FAT |

Weight: 69g

Ciabatta

50g CARBS	**263** CALS	**10**g PROTEIN	**4**g FAT

Weight: 97g

Panini

45g CARBS	**278** CALS	**11**g PROTEIN	**6**g FAT

Weight: 100g

French Stick

| 21g CARBS | 97 CALS | 3g PROTEIN | 1g FAT |

Weight: 37g (slice)

Garlic Bread

| 10g CARBS | 80 CALS | 2g PROTEIN | 4g FAT |

Weight: 22g

Crumpet

20g	93	3g	0g
CARBS	CALS	PROTEIN	FAT

Weight: 45g

English Muffin

35g	177	8g	2g
CARBS	CALS	PROTEIN	FAT

Weight: 68g

Tea Cake

50g CARBS	**280** CALS	**8g** PROTEIN	**7g** FAT

Weight: 85g

Tortilla

35g CARBS	**152** CALS	**4g** PROTEIN	**1g** FAT

Weight: 58g

Turkish Flatbread

| 27g CARBS | 153 CALS | 6g PROTEIN | 3g FAT |

Weight: 60g

Naan Bread

| 70g CARBS | 399 CALS | 11g PROTEIN | 10g FAT |

Weight: 140g

Chapati (without fat)

| 20g CARBS | 91 CALS | 3g PROTEIN | 0g FAT |

Weight: 45g

Paratha

| 40g CARBS | 297 CALS | 7g PROTEIN | 13g FAT |

Weight: 92g

Poppadom

7g CARBS	125 CALS	3g PROTEIN	10g FAT

Weight: 25g

Brioche

25g CARBS	159 CALS	4g PROTEIN	5g FAT

Weight: 45g

Croissant

| 22g CARBS | 190 CALS | 4g PROTEIN | 10g FAT |

Weight: 51g

Pain au Chocolat

| 27g CARBS | 267 CALS | 5g PROTEIN | 15g FAT |

Weight: 64g

Toast with Choc & Marg

18g CARBS	136 CALS	3g PROTEIN	7g FAT

26g toast, 5g choc, 5g marg

Toast with Honey & Marg

19g CARBS	123 CALS	3g PROTEIN	5g FAT

26g toast, 5g honey, 5g marg

Toast with Jam & Marg

18g CARBS	**122** CALS	**3**g PROTEIN	**5**g FAT

26g toast, 5g jam, 5g marg

Toast with Lemon Curd & Marg

18g CARBS	**123** CALS	**3**g PROTEIN	**5**g FAT

26g toast, 5g curd, 5g marg

Toast with Marmalade & Marg

| 18g CARBS | 122 CALS | 3g PROTEIN | 5g FAT |

26g toast, 5g marm, 5g marg

Toast with Peanut Butter & Marg

| 16g CARBS | 139 CALS | 4g PROTEIN | 8g FAT |

26g toast, 5g peanut, 5g marg

Bran Flakes

| **21**g CARBS | **99** CALS | **3**g PROTEIN | **1**g FAT |

Weight: 30g

| **53**g CARBS | **248** CALS | **8**g PROTEIN | **2**g FAT |

Weight: 75g

Chocolate Snaps

| 19g CARBS | 80 CALS | 1g PROTEIN | 1g FAT |

Weight: 21g

| 48g CARBS | 203 CALS | 2g PROTEIN | 1g FAT |

Weight: 53g

Corn Flakes

| 21g CARBS | 86 CALS | 2g PROTEIN | 0g FAT |

Weight: 23g

| 52g CARBS | 218 CALS | 5g PROTEIN | 1g FAT |

Weight: 58g

Fruit & Fibre

| **21g** CARBS | **102** CALS | **3g** PROTEIN | **1g** FAT |

Weight: 29g

| **53g** CARBS | **258** CALS | **7g** PROTEIN | **4g** FAT |

Weight: 73g

Honey Puffed Wheat

| 21g CARBS | 88 CALS | 1g PROTEIN | 0g FAT |

Weight: 23g

| 54g CARBS | 221 CALS | 4g PROTEIN | 1g FAT |

Weight: 58g

Malted Wheats

| 22g CARBS | 97 CALS | 3g PROTEIN | 1g FAT |

Weight: 28g

| 54g CARBS | 242 CALS | 7g PROTEIN | 1g FAT |

Weight: 70g

Muesli

| **43**g CARBS | **218** CALS | **6**g PROTEIN | **4**g FAT |

Weight: 60g

| **108**g CARBS | **541** CALS | **15**g PROTEIN | **9**g FAT |

Weight: 149g

Multigrain Hoops

16g CARBS	**74** CALS	**2g** PROTEIN	**1g** FAT

Weight: 20g

32g CARBS	**147** CALS	**3g** PROTEIN	**2g** FAT

Weight: 40g

Porridge (made with whole milk)

18g	164	7g	7g
CARBS	CALS	PROTEIN	FAT

Weight: 145g

46g	412	18g	19g
CARBS	CALS	PROTEIN	FAT

Weight: 365g

Raisin Bites

33g CARBS	148 CALS	4g PROTEIN	1g FAT

Weight: 44g

81g CARBS	364 CALS	10g PROTEIN	2g FAT

Weight: 108g

Rice Snaps

21g CARBS	**88** CALS	**1g** PROTEIN	**0g** FAT

Weight: 23g

53g CARBS	**218** CALS	**3g** PROTEIN	**1g** FAT

Weight: 57g

Special Flakes with Berries

| 20g CARBS | 97 CALS | 4g PROTEIN | 0g FAT |

Weight: 26g

| 51g CARBS | 246 CALS | 9g PROTEIN | 1g FAT |

Weight: 66g

Wheat Biscuit

| 14g CARBS | 67 CALS | 2g PROTEIN | 1g FAT |

Weight: 19g

Wheat Pillow

| 16g CARBS | 73 CALS | 2g PROTEIN | 0g FAT |

Weight: 22g

Oat Biscuit

| 13g CARBS | 75 CALS | 3g PROTEIN | 2g FAT |

Weight: 20g

Milk (semi-skimmed)

| 5g CARBS | 46 CALS | 3g PROTEIN | 2g FAT |

100ml

Eggy Bread

| 10g CARBS | 193 CALS | 8g PROTEIN | 13g FAT |

Weight: 50g (thin slice)

Fried Bread

| 10g CARBS | 160 CALS | 2g PROTEIN | 12g FAT |

Weight: 30g (thin slice)

Breakfast Tart

| **36**g CARBS | **211** CALS | **2**g PROTEIN | **6**g FAT |

Weight: 52g

Scotch Pancake

| **12**g CARBS | **88** CALS | **2**g PROTEIN | **4**g FAT |

Weight: 31g

Waffle (sweet)

15g CARBS	**129** CALS	**3g** PROTEIN	**6g** FAT

Weight: 38g

Pancake (plain)

15g CARBS	**158** CALS	**4g** PROTEIN	**10g** FAT

Weight: 62g

Pancake with Maple Syrup

35g CARBS	218 CALS	4g PROTEIN	7g FAT

62g pancake, 16g syrup

Pancake with Sugar & Lemon

35g CARBS	215 CALS	4g PROTEIN	7g FAT

62g pancake, 10g sugar

Greek Yoghurt

| 8g CARBS | 226 CALS | 10g PROTEIN | 17g FAT |

Weight: 170g

Natural Yoghurt

| 15g CARBS | 150 CALS | 11g PROTEIN | 6g FAT |

Weight: 190g

Baklava

| 13g CARBS | 110 CALS | 1g PROTEIN | 6g FAT |

Weight: 28g

Bakewell Tart

| 20g CARBS | 205 CALS | 3g PROTEIN | 13g FAT |

Weight: 45g

Carrot Cake

| 20g CARBS | 190 CALS | 2g PROTEIN | 12g FAT |

Weight: 53g

Chocolate Cake

| 20g CARBS | 186 CALS | 3g PROTEIN | 11g FAT |

Weight: 40g

Fruit Cake

| 36g CARBS | 206 CALS | 2g PROTEIN | 7g FAT |

Weight: 60g

Ginger Cake

| 25g CARBS | 144 CALS | 1g PROTEIN | 4g FAT |

Weight: 40g

Malt Loaf

19g CARBS	**89** CALS	**2g** PROTEIN	**1g** FAT

Weight: 30g

Swiss Roll

17g CARBS	**134** CALS	**2g** PROTEIN	**7g** FAT

Weight: 35g

Victoria Sponge

19g CARBS	123 CALS	2g PROTEIN	5g FAT

Weight: 44g

Apple Danish

45g CARBS	298 CALS	5g PROTEIN	12g FAT

Weight: 87g

Choc Chip Twist

32g CARBS	340 CALS	4g PROTEIN	22g FAT

Weight: 85g

Cinnamon Swirl

41g CARBS	270 CALS	5g PROTEIN	11g FAT

Weight: 79g

Fruit Trellis

28g CARBS	**206** CALS	**3g** PROTEIN	**10g** FAT

Weight: 58g

Pain au Raisin

44g CARBS	**364** CALS	**7g** PROTEIN	**18g** FAT

Weight: 95g

Pecan Plait

| **36g** CARBS | **347** CALS | **5g** PROTEIN | **21g** FAT |

Weight: 81g

Chocolate Éclair

| **21g** CARBS | **217** CALS | **2g** PROTEIN | **14g** FAT |

Weight: 56g

Corn Flake Cake

| **35**g CARBS | **248** CALS | **4**g PROTEIN | **10**g FAT |

Weight: 54g

Cup Cake

| **34**g CARBS | **272** CALS | **2**g PROTEIN | **14**g FAT |

Weight: 56g

Custard Slice

40g CARBS	286 CALS	2g PROTEIN	13g FAT

Weight: 106g

Custard Tart

26g CARBS	263 CALS	5g PROTEIN	16g FAT

Weight: 92g

Mini Battenburg

16g CARBS	112 CALS	2g PROTEIN	5g FAT

Weight: 30g

Choc Ring Doughnut

25g CARBS	201 CALS	2g PROTEIN	10g FAT

Weight: 49g

Glazed Ring Doughnut

| 25g CARBS | 176 CALS | 2g PROTEIN | 8g FAT |

Weight: 46g

Jam Doughnut

| 35g CARBS | 239 CALS | 4g PROTEIN | 10g FAT |

Weight: 71g

Mini Doughnut

| 6g CARBS | 45 CALS | 1g PROTEIN | 2g FAT |

Weight: 11g

Sprinkle Ring Doughnut

| 32g CARBS | 240 CALS | 3g PROTEIN | 11g FAT |

Weight: 58g

Sugar Ring Doughnut

31g CARBS	266 CALS	4g PROTEIN	15g FAT

Weight: 66g

Fresh Cream Doughnut

25g CARBS	221 CALS	4g PROTEIN	12g FAT

Weight: 69g

Yum Yum

| 32g CARBS | 276 CALS | 4g PROTEIN | 15g FAT |

Weight: 70g

Blueberry Muffin

| 48g CARBS | 353 CALS | 6g PROTEIN | 16g FAT |

Weight: 102g

Chocolate Muffin

15g CARBS	108 CALS	2g PROTEIN	5g FAT

Weight: 28g

55g CARBS	404 CALS	7g PROTEIN	19g FAT

Weight: 105g

Flapjack

| 31g CARBS | 247 CALS | 2g PROTEIN | 14g FAT |

Weight: 50g

Meringue Nest

| 15g CARBS | 61 CALS | 1g PROTEIN | 0g FAT |

Weight: 16g

Mince Pie

| **36g** CARBS | **261** CALS | **3g** PROTEIN | **13g** FAT |

Weight: 60g

Belgian Bun

| **69g** CARBS | **411** CALS | **6g** PROTEIN | **12g** FAT |

Weight: 116g

Cheese Scone

| 30g CARBS | 251 CALS | 7g PROTEIN | 12g FAT |

Weight: 68g

Fruit Scone

| 21g CARBS | 120 CALS | 2g PROTEIN | 3g FAT |

Weight: 38g

Hot Cross Bun

| 30g CARBS | 159 CALS | 4g PROTEIN | 4g FAT |

Weight: 51g

Iced Bun

| 20g CARBS | 113 CALS | 2g PROTEIN | 3g FAT |

Weight: 37g

Apple Pie

| 36g CARBS | 267 CALS | 3g PROTEIN | 14g FAT |

Weight: 100g

| 90g CARBS | 673 CALS | 7g PROTEIN | 34g FAT |

Weight: 252g

Apple & Rhubarb Crumble

| **42g** CARBS | **256** CALS | **3g** PROTEIN | **10g** FAT |

Weight: 117g

| **106g** CARBS | **646** CALS | **7g** PROTEIN | **24g** FAT |

Weight: 295g

Apple Strudel

28g CARBS	221 CALS	3g PROTEIN	11g FAT

Weight: 90g

70g CARBS	559 CALS	7g PROTEIN	27g FAT

Weight: 228g

Banoffee Pie

29g CARBS	284 CALS	3g PROTEIN	18g FAT

Weight: 89g

72g CARBS	702 CALS	8g PROTEIN	44g FAT

Weight: 220g

Black Forest Gateau

| 25g CARBS | 201 CALS | 2g PROTEIN | 11g FAT |

Weight: 68g

| 62g CARBS | 496 CALS | 6g PROTEIN | 26g FAT |

Weight: 168g

Bread & Butter Pudding

19g	199	5g	11g
CARBS	CALS	PROTEIN	FAT

Weight: 81g

49g	504	11g	28g
CARBS	CALS	PROTEIN	FAT

Weight: 205g

Brownie

| 43g CARBS | 362 CALS | 4g PROTEIN | 20g FAT |

Weight: 82g

| 111g CARBS | 924 CALS | 10g PROTEIN | 51g FAT |

Weight: 209g

Cheesecake

| 35g CARBS | 294 CALS | 4g PROTEIN | 16g FAT |

Weight: 100g

| 88g CARBS | 735 CALS | 10g PROTEIN | 41g FAT |

Weight: 250g

Chocolate Torte

21g CARBS	279 CALS	4g PROTEIN	20g FAT

Weight: 66g

53g CARBS	702 CALS	9g PROTEIN	50g FAT

Weight: 166g

Christmas Pudding

| 60g CARBS | 349 CALS | 3g PROTEIN | 13g FAT |

Weight: 106g

| 100g CARBS | 582 CALS | 5g PROTEIN | 21g FAT |

Weight: 177g

Custard

| 19g CARBS | 142 CALS | 5g PROTEIN | 5g FAT |

Weight: 120g

| 49g CARBS | 354 CALS | 12g PROTEIN | 14g FAT |

Weight: 300g

Ice Cream (vanilla)

8g CARBS | **71** CALS | **1g** PROTEIN | **4g** FAT

Weight: 40g

Lemon Sorbet

11g CARBS | **44** CALS | **0g** PROTEIN | **0g** FAT

Weight: 45g

Choc Ice

| 12g CARBS | 153 CALS | 2g PROTEIN | 11g FAT |

Weight: 52g

Crème Brûlée

| 15g CARBS | 343 CALS | 4g PROTEIN | 30g FAT |

Weight: 104g

Chocolate & Nut Cone

| 21g CARBS | 207 CALS | 3g PROTEIN | 13g FAT |

Weight: 73g

Panna Cotta

| 25g CARBS | 415 CALS | 2g PROTEIN | 34g FAT |

Weight: 145g

Ice Cream Lolly

| 26g CARBS | 267 CALS | 4g PROTEIN | 17g FAT |

Weight: 89g

Strawberry Tartlet

| 35g CARBS | 272 CALS | 3g PROTEIN | 14g FAT |

Weight: 132g

Jelly

| 20g CARBS | 79 CALS | 2g PROTEIN | 0g FAT |

Weight: 130g

| 50g CARBS | 201 CALS | 4g PROTEIN | 0g FAT |

Weight: 330g

Lemon Meringue Pie

| 38g CARBS | 221 CALS | 3g PROTEIN | 7g FAT |

Weight: 88g

| 95g CARBS | 547 CALS | 6g PROTEIN | 19g FAT |

Weight: 218g

Mousse (chocolate)

20g CARBS	149 CALS	4g PROTEIN	7g FAT

Weight: 100g

50g CARBS	373 CALS	10g PROTEIN	16g FAT

Weight: 250g

Profiteroles

| 20g CARBS | 277 CALS | 4g PROTEIN | 21g FAT |

Weight: 80g

| 50g CARBS | 709 CALS | 11g PROTEIN | 53g FAT |

Weight: 205g

Rice Pudding

23g	119	5g	2g
CARBS	CALS	PROTEIN	FAT

Weight: 140g

57g	302	12g	5g
CARBS	CALS	PROTEIN	FAT

Weight: 355g

Roulade

36g CARBS	308 CALS	3g PROTEIN	17g FAT

Weight: 76g

90g CARBS	778 CALS	7g PROTEIN	43g FAT

Weight: 192g

Spotted Dick

50g CARBS | **363** CALS | **5g** PROTEIN | **17g** FAT

Weight: 105g

125g CARBS | **913** CALS | **13g** PROTEIN | **44g** FAT

Weight: 264g

Sticky Toffee Pudding

| 26g CARBS | 205 CALS | 2g PROTEIN | 11g FAT |

Weight: 62g

| 65g CARBS | 523 CALS | 4g PROTEIN | 27g FAT |

Weight: 158g

Strawberry Delight

15g CARBS	**116** CALS	**3g** PROTEIN	**5g** FAT

Weight: 100g

45g CARBS	**348** CALS	**10g** PROTEIN	**14g** FAT

Weight: 300g

Summer Pudding

| 20g CARBS | 89 CALS | 2g PROTEIN | 0g FAT |

Weight: 94g

| 49g CARBS | 221 CALS | 6g PROTEIN | 1g FAT |

Weight: 233g

Tiramisu

30g	239	4g	11g
CARBS	CALS	PROTEIN	FAT

Weight: 90g

74g	588	11g	27g
CARBS	CALS	PROTEIN	FAT

Weight: 222g

Trifle

23g CARBS	178 CALS	3g PROTEIN	9g FAT

Weight: 108g

57g CARBS	446 CALS	7g PROTEIN	22g FAT

Weight: 270g

Apple Juice

28g	**109**	**0**g	**0**g
CARBS	CALS	PROTEIN	FAT

284ml (half pint)

Cranberry Juice

41g	**175**	**0**g	**0**g
CARBS	CALS	PROTEIN	FAT

284ml (half pint)

Grapefruit Juice

| 24g CARBS | 95 CALS | 1g PROTEIN | 0g FAT |

284ml (half pint)

Orange Juice

| 25g CARBS | 103 CALS | 1g PROTEIN | 0g FAT |

284ml (half pint)

Pineapple Juice

| 30g CARBS | 118 CALS | 1g PROTEIN | 0g FAT |

284ml (half pint)

Tomato Juice

| 9g CARBS | 40 CALS | 2g PROTEIN | 0g FAT |

284ml (half pint)

Cola

| 31g CARBS | 118 CALS | 0g PROTEIN | 0g FAT |

284ml (half pint)

Lucozade Energy

| 10g CARBS | 39 CALS | 0g PROTEIN | 0g FAT |

56ml

Milk (skimmed)

| 13g CARBS | 92 CALS | 10g PROTEIN | 1g FAT |

284ml (half pint)

Milk (semi-skimmed)

| 13g CARBS | 132 CALS | 10g PROTEIN | 5g FAT |

284ml (half pint)

Milk (whole)

13g CARBS	189 CALS	9g PROTEIN	11g FAT

284ml (half pint)

Soya Milk (sweetened)

7g CARBS	123 CALS	9g PROTEIN	7g FAT

284ml (half pint)

Fruit Smoothie

20g CARBS	84 CALS	1g PROTEIN	0g FAT

160ml

Milkshake (powder & milk)

32g CARBS	198 CALS	9g PROTEIN	5g FAT

284ml (half pint)

Hot Chocolate

| 28g CARBS | 190 CALS | 9g PROTEIN | 5g FAT |

260ml

Hot Malt Drink

| 34g CARBS | 221 CALS | 11g PROTEIN | 5g FAT |

260ml

Energy Drink

27g	111	0g	0g
CARBS	CALS	PROTEIN	FAT

250ml (full can)

WKD

35g	207	0g	0g
CARBS	CALS	PROTEIN	FAT

275ml bottle

WKD Core

47g CARBS	**325** CALS	**0**g PROTEIN	**0**g FAT

500ml bottle

Lager

8g CARBS	**189** CALS	**0**g PROTEIN	**0**g FAT

568ml (pint)

Ale

| 17g CARBS | 172 CALS | 2g PROTEIN | 0g FAT |

568ml (pint)

Stout

| 9g CARBS | 172 CALS | 2g PROTEIN | 0g FAT |

568ml (pint)

Cider (dry)

| 15g CARBS | 207 CALS | 0g PROTEIN | 0g FAT |

568ml (pint)

Cider (sweet)

| 25g CARBS | 241 CALS | 0g PROTEIN | 0g FAT |

568ml (pint)

Cider (vintage)

| 42g CARBS | 580 CALS | 0g PROTEIN | 0g FAT |

568ml (pint)

Red Wine

| 1g CARBS | 170 CALS | 0g PROTEIN | 0g FAT |

250ml (large glass)

White Wine (dry)

2g CARBS	**165** CALS	**0**g PROTEIN	**0**g FAT

250ml (large glass)

White Wine (sweet)

15g CARBS	**235** CALS	**1**g PROTEIN	**0**g FAT

250ml (large glass)

Champagne

| 2g CARBS | 95 CALS | 0g PROTEIN | 0g FAT |

125ml

Advocaat

| 14g CARBS | 130 CALS | 2g PROTEIN | 3g FAT |

50ml

Sherry (medium)

3g	58	0g	0g
CARBS	CALS	PROTEIN	FAT

50ml

Sweet Liqueur

8g	64	0g	0g
CARBS	CALS	PROTEIN	FAT

25ml

Brandy

0g CARBS	56 CALS	0g PROTEIN	0g FAT

25ml

Irish Cream

12g CARBS	163 CALS	0g PROTEIN	8g FAT

50ml

Port

6g CARBS	79 CALS	0g PROTEIN	0g FAT

50ml

Vermouth (sweet)

8g CARBS	76 CALS	0g PROTEIN	0g FAT

50ml

Gin

0g	56	0g	0g
CARBS	CALS	PROTEIN	FAT

25ml

Rum

0g	56	0g	0g
CARBS	CALS	PROTEIN	FAT

25ml

Vodka

| **0g** CARBS | **56** CALS | **0g** PROTEIN | **0g** FAT |

25ml

Whisky

| **0g** CARBS | **56** CALS | **0g** PROTEIN | **0g** FAT |

25ml

Boiled Egg

| 0g CARBS | 88 CALS | 8g PROTEIN | 6g FAT |

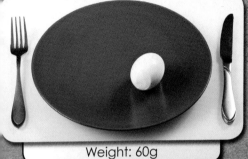

Weight: 60g

Fried Egg

| 0g CARBS | 90 CALS | 7g PROTEIN | 7g FAT |

Weight: 50g

Poached Egg

| 0g CARBS | 74 CALS | 6g PROTEIN | 5g FAT |

Weight: 50g

Scrambled Egg (with milk)

| 1g CARBS | 308 CALS | 13g PROTEIN | 28g FAT |

Weight: 120g (2 eggs)

Omelette (plain)

| **0**g CARBS | **195** CALS | **11**g PROTEIN | **17**g FAT |

Weight: 100g (2 eggs)

Omelette (cheese)

| **0**g CARBS | **325** CALS | **19**g PROTEIN | **28**g FAT |

Weight: 120g (2 eggs)

Blue Stilton

| **0**g CARBS | **144** CALS | **8**g PROTEIN | **12**g FAT |

Weight: 35g

Brie

| **0**g CARBS | **86** CALS | **5**g PROTEIN | **7**g FAT |

Weight: 25g

Camembert

0g CARBS	102 CALS	8g PROTEIN	8g FAT

Weight: 35g

Cheddar

0g CARBS	104 CALS	6g PROTEIN	9g FAT

Weight: 25g

Cheddar (grated)

| 0g CARBS | 104 CALS | 6g PROTEIN | 9g FAT |

Weight: 25g

Cheddar (sliced)

| 0g CARBS | 104 CALS | 6g PROTEIN | 9g FAT |

Weight: 25g

Cottage Cheese (plain)

2g CARBS	51 CALS	6g PROTEIN	2g FAT

Weight: 50g

Edam

0g CARBS	85 CALS	7g PROTEIN	7g FAT

Weight: 25g

Feta

| 0g CARBS | 75 CALS | 5g PROTEIN | 6g FAT |

Weight: 30g

Goat's Cheese

| 0g CARBS | 80 CALS | 5g PROTEIN | 6g FAT |

Weight: 25g

Mozzarella

0g CARBS	**64** CALS	**5g** PROTEIN	**5g** FAT

Weight: 25g

Parmesan

0g CARBS	**42** CALS	**4g** PROTEIN	**3g** FAT

Weight: 10g

Red Leicester

| 0g CARBS | 100 CALS | 6g PROTEIN | 8g FAT |

Weight: 25g

Processed Cheese Slice

| 1g CARBS | 59 CALS | 4g PROTEIN | 5g FAT |

Weight: 20g

Spreadable Cheese

1g CARBS	48 CALS	2g PROTEIN	4g FAT

Weight: 18g

Soft Cheese

0g CARBS	94 CALS	2g PROTEIN	9g FAT

Weight: 30g

Squirty Cheese

| 0g CARBS | 24 CALS | 1g PROTEIN | 2g FAT |

Weight: 12g

Wensleydale with Cranberries

| 2g CARBS | 90 CALS | 5g PROTEIN | 7g FAT |

Weight: 25g

Apricot (fresh)

4g CARBS	**17** CALS	**0**g PROTEIN	**0**g FAT

Weight: 55g

Apricot (dried)

10g CARBS	**44** CALS	**1**g PROTEIN	**0**g FAT

Weight: 28g

Apple

| 15g CARBS | 62 CALS | 1g PROTEIN | 0g FAT |

Weight: 131g

Blueberries

| 16g CARBS | 69 CALS | 1g PROTEIN | 0g FAT |

Weight: 130g

Banana

| 20g CARBS | 81 CALS | 1g PROTEIN | 0g FAT |

Weight: 130g (with skin)

Cherries

| 12g CARBS | 48 CALS | 1g PROTEIN | 0g FAT |

Weight: 100g (with stones)

Clementine

| 5g CARBS | 22 CALS | 1g PROTEIN | 0g FAT |

Weight: 80g

Satsuma

| 5g CARBS | 22 CALS | 1g PROTEIN | 0g FAT |

Weight: 85g

Fruit Cocktail (in juice)

| 15g CARBS | 61 CALS | 1g PROTEIN | 0g FAT |

Weight: 210g (half tin)

Grapefruit

| 10g CARBS | 46 CALS | 1g PROTEIN | 0g FAT |

Weight: 228g (whole)

Grapes

| 20g CARBS | 78 CALS | 1g PROTEIN | 0g FAT |

Weight: 130g

Kiwi

| 5g CARBS | 24 CALS | 1g PROTEIN | 0g FAT |

Weight: 55g

Mango

| 10g CARBS | 40 CALS | 0g PROTEIN | 0g FAT |

Weight: 70g

Melon (honeydew)

| 10g CARBS | 42 CALS | 1g PROTEIN | 0g FAT |

Weight: 150g

Watermelon

| 10g CARBS | 43 CALS | 1g PROTEIN | 0g FAT |

Weight: 140g

Orange

| 7g CARBS | 30 CALS | 1g PROTEIN | 0g FAT |

Weight: 115g

Papaya

5g CARBS	24 CALS	1g PROTEIN	0g FAT

Weight: 90g

Peach (fresh)

10g CARBS	46 CALS	1g PROTEIN	0g FAT

Weight: 138g

Peach (tinned in juice)

10g CARBS	39 CALS	1g PROTEIN	0g FAT

Weight: 100g

Pear

10g CARBS	42 CALS	0g PROTEIN	0g FAT

Weight: 104g

Pear (tinned in juice)

10g CARBS	38 CALS	0g PROTEIN	0g FAT

Weight: 115g

Pineapple (fresh)

8g CARBS	33 CALS	0g PROTEIN	0g FAT

Weight: 80g

Pomegranate

| 5g CARBS | 20 CALS | 1g PROTEIN | 0g FAT |

Weight: 40g

Prune

| 10g CARBS | 42 CALS | 1g PROTEIN | 0g FAT |

Weight: 30g

Plum

| 5g CARBS | 20 CALS | 0g PROTEIN | 0g FAT |

Weight: 55g

Nectarine

| 15g CARBS | 66 CALS | 2g PROTEIN | 0g FAT |

Weight: 165g

Raspberries

| 5g CARBS | 26 CALS | 1g PROTEIN | 0g FAT |

Weight: 105g

Strawberries

| 5g CARBS | 23 CALS | 1g PROTEIN | 0g FAT |

Weight: 85g

Raisins

| 20g CARBS | 79 CALS | 1g PROTEIN | 0g FAT |

Weight: 29g

Sultanas

| 20g CARBS | 80 CALS | 1g PROTEIN | 0g FAT |

Weight: 29g

Beans on Toast (with marg)

32g CARBS	205 CALS	9g PROTEIN	5g FAT

22g toast, 130g beans, 5g marg

70g CARBS	438 CALS	19g PROTEIN	11g FAT

44g toast, 293g beans, 10g marg

Chicken Goujons, Faces & Peas

18g CARBS	172 CALS	9g PROTEIN	9g FAT

30g chick, 34g faces, 25g peas

76g CARBS	691 CALS	33g PROTEIN	38g FAT

120g chick, 136g faces, 100g peas

Chilli con Carne & Rice

| **40**g CARBS | **307** CALS | **15**g PROTEIN | **10**g FAT |

170g chilli, 96g rice

| **116**g CARBS | **843** CALS | **41**g PROTEIN | **28**g FAT |

430g chilli, 290g rice

Corned Beef Hash

| **25**g CARBS | **282** CALS | **21**g PROTEIN | **12**g FAT |

Weight: 200g

| **62**g CARBS | **705** CALS | **53**g PROTEIN | **30**g FAT |

Weight: 500g

Curry (chicken) & Rice

| **35**g CARBS | **390** CALS | **26**g PROTEIN | **8**g FAT |

260g curry, 98g rice

| **101**g CARBS | **1013** CALS | **62**g PROTEIN | **20**g FAT |

625g curry, 290g rice

Curry (lentil) & Brown Rice

49g CARBS	**400** CALS	**11**g PROTEIN	**19**g FAT

185g curry, 95g rice

140g CARBS	**1080** CALS	**29**g PROTEIN	**49**g FAT

475g curry, 281g rice

Curry (veg & potato) & Rice

| 49g CARBS | 281 CALS | 7g PROTEIN | 8g FAT |

175g curry, 97g rice

| 138g CARBS | 772 CALS | 17g PROTEIN | 21g FAT |

440g curry, 291g rice

Fish Fingers, Chips & Beans

30g CARBS	**185** CALS	**7**g PROTEIN	**5**g FAT

20g fish, 66g chips, 45g beans

90g CARBS	**578** CALS	**25**g PROTEIN	**15**g FAT

80g fish, 165g chips, 180g beans

Fish Pie

22g CARBS | **295** CALS | **22g** PROTEIN | **14g** FAT

Weight: 250g

56g CARBS | **743** CALS | **56g** PROTEIN | **34g** FAT

Weight: 630g

Lasagne

| 25g CARBS | 357 CALS | 20g PROTEIN | 20g FAT |

Weight: 195g

| 70g CARBS | 997 CALS | 57g PROTEIN | 57g FAT |

Weight: 545g

Macaroni Cheese

| 30g CARBS | 337 CALS | 15g PROTEIN | 18g FAT |

Weight: 163g

| 70g CARBS | 797 CALS | 35g PROTEIN | 43g FAT |

Weight: 385g

Enchilada (chicken)

29g CARBS | **323** CALS | **24**g PROTEIN | **14**g FAT

Weight: 146g

Fajita (chicken)

30g CARBS | **245** CALS | **18**g PROTEIN | **5**g FAT

Weight: 160g

Quesadilla (bean)

| 19g CARBS | 166 CALS | 6g PROTEIN | 7g FAT |

Weight: 74g

Taco (beef)

| 10g CARBS | 238 CALS | 12g PROTEIN | 16g FAT |

Weight: 80g

Pasta Bake (tuna & cheese)

| **30g** CARBS | **223** CALS | **12g** PROTEIN | **6g** FAT |

Weight: 143g

| **75g** CARBS | **547** CALS | **29g** PROTEIN | **16g** FAT |

Weight: 355g

- Pasta Meal (chicken & broccoli)

25g CARBS	281 CALS	13g PROTEIN	14g FAT

Weight: 166g

67g CARBS	747 CALS	34g PROTEIN	38g FAT

Weight: 442g

Chicken & Bacon Pie

| 50g CARBS | 702 CALS | 24g PROTEIN | 45g FAT |

Weight: 264g

Steak Pie

| 56g CARBS | 632 CALS | 24g PROTEIN | 34g FAT |

Weight: 244g

Steak & Kidney Pudding

34g CARBS | **382** CALS | **19g** PROTEIN | **20g** FAT

Weight: 182g

Top Crust Pie

25g CARBS | **341** CALS | **19g** PROTEIN | **19g** FAT

Weight: 264g

Pizza (chicken, deep pan)

40g CARBS	**286** CALS	**13**g PROTEIN	**8**g FAT

Weight: 130g

Pizza (pepperoni, thin crust)

20g CARBS	**191** CALS	**9**g PROTEIN	**8**g FAT

Weight: 75g

Quiche Lorraine, Salad & Coleslaw

| 16g CARBS | 410 CALS | 11g PROTEIN | 34g FAT |

65g quiche, 65g coleslaw

| 57g CARBS | 1314 CALS | 42g PROTEIN | 103g FAT |

265g quiche, 130g coleslaw

Risotto (mushroom)

| 40g CARBS | 340 CALS | 9g PROTEIN | 15g FAT |

Weight: 241g

| 100g CARBS | 856 CALS | 24g PROTEIN | 38g FAT |

Weight: 607g

Sausage, Mash & Onion Gravy

| 49g CARBS | 587 CALS | 21g PROTEIN | 35g FAT |

110g saus, 235g mash, 50g gravy

| 122g CARBS | 1472 CALS | 53g PROTEIN | 89g FAT |

275g saus, 590g mash, 125 gravy

Shepherd's Pie

| 25g CARBS | 350 CALS | 16g PROTEIN | 21g FAT |

Weight: 240g

| 63g CARBS | 883 CALS | 41g PROTEIN | 54g FAT |

Weight: 605g

Chicken Noodle Soup

| 13g CARBS | 76 CALS | 4g PROTEIN | 1g FAT |

Weight: 400g

Chunky Veg Soup

| 40g CARBS | 192 CALS | 6g PROTEIN | 2g FAT |

Weight: 400g

Mushroom Soup

15g	179	4g	12g
CARBS	CALS	PROTEIN	FAT

Weight: 390g

Tomato Soup

30g	254	4g	14g
CARBS	CALS	PROTEIN	FAT

Weight: 410g

Spaghetti Bolognaise

| 40g CARBS | 334 CALS | 18g PROTEIN | 11g FAT |

95g spag, 240g bolognaise

| 115g CARBS | 915 CALS | 49g PROTEIN | 29g FAT |

286g spag, 605g bolognaise

Stew & Dumplings

| 40g CARBS | 397 CALS | 17g PROTEIN | 20g FAT |

175g stew, 90g dumplings

| 105g CARBS | 1062 CALS | 51g PROTEIN | 51g FAT |

540g stew, 225g dumplings

Stir-fry (chicken)

| 21g CARBS | 162 CALS | 15g PROTEIN | 4g FAT |

Weight: 140g

| 51g CARBS | 400 CALS | 37g PROTEIN | 9g FAT |

Weight: 345g

Sushi

9g CARBS	**53** CALS	**2**g PROTEIN	**1**g FAT

Weight: 34g

6g CARBS	**40** CALS	**1**g PROTEIN	**1**g FAT

Weight: 24g

Toad in the Hole

| **40g** CARBS | **534** CALS | **24g** PROTEIN | **32g** FAT |

110g sausage, 73g yorkshire

| **100g** CARBS | **1335** CALS | **61g** PROTEIN | **81g** FAT |

275g sausage, 182g yorkshire

Coleslaw

| 3g CARBS | 168 CALS | 1g PROTEIN | 17g FAT |

Weight: 65g

Onion Rings (battered)

| 7g CARBS | 69 CALS | 1g PROTEIN | 5g FAT |

Weight: 26g

Potato Salad (with mayo)

9g CARBS	238 CALS	1g PROTEIN	22g FAT

Weight: 83g

Olives (pitted in brine)

0g CARBS	26 CALS	0g PROTEIN	3g FAT

Weight: 25g

Pickled Onions

2g	8	0g	0g
CARBS	CALS	PROTEIN	FAT

Weight: 35g

Sun-dried Tomatoes (in oil)

1g	124	1g	13g
CARBS	CALS	PROTEIN	FAT

Weight: 25g

Stuffing (packet mix)

| 13g CARBS | 63 CALS | 2g PROTEIN | 1g FAT |

Weight: 65g

Yorkshire Pudding

| 10g CARBS | 84 CALS | 3g PROTEIN | 4g FAT |

Weight: 40g

Beef Burger (fried)

0g CARBS	329 CALS	29g PROTEIN	24g FAT

Weight: 100g

Sliced Beef

0g CARBS	69 CALS	13g PROTEIN	2g FAT

Weight: 50g

Wafer-thin Beef

| 0g CARBS | 16 CALS | 3g PROTEIN | 0g FAT |

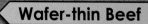

Weight: 12g

Corned Beef

| 0g CARBS | 62 CALS | 8g PROTEIN | 3g FAT |

Weight: 30g

Rump Steak (fried)

0g CARBS	442 CALS	55g PROTEIN	25g FAT

Weight: 194g

Sirloin Steak (fried)

0g CARBS	394 CALS	42g PROTEIN	25g FAT

Weight: 196g

Roast Beef

0g CARBS	167 CALS	22g PROTEIN	9g FAT

Weight: 75g

Roast Lamb

0g CARBS	180 CALS	21g PROTEIN	11g FAT

Weight: 75g

Lamb Chop (grilled)

0g CARBS	317 CALS	28g PROTEIN	23g FAT

Weight: 104g

Lamb Steak (grilled)

0g CARBS	240 CALS	29g PROTEIN	14g FAT

Weight: 104g

Pork Chop (grilled)

0g CARBS	514 CALS	58g PROTEIN	31g FAT

Weight: 200g

Gammon (grilled)

0g CARBS	338 CALS	48g PROTEIN	17g FAT

Weight: 170g

Roast Pork

| 0g CARBS | 161 CALS | 23g PROTEIN | 8g FAT |

Weight: 75g

Back Bacon (fried)

| 0g CARBS | 74 CALS | 4g PROTEIN | 6g FAT |

Weight: 16g

Streaky Bacon (fried)

0g CARBS	54 CALS	2g PROTEIN	5g FAT

Weight: 11g

Chorizo

0g CARBS	17 CALS	1g PROTEIN	1g FAT

Weight: 6g

Salami

| 0g CARBS | 44 CALS | 2g PROTEIN | 4g FAT |

Weight: 10g

Sliced Ham

| 0g CARBS | 32 CALS | 6g PROTEIN | 1g FAT |

Weight: 30g

Wafer-thin Ham

| 0g CARBS | 13 CALS | 2g PROTEIN | 0g FAT |

Weight: 12g

Sausage (grilled)

| 5g CARBS | 162 CALS | 8g PROTEIN | 12g FAT |

Weight: 55g

Black Pudding (fried)

| 11g CARBS | 146 CALS | 6g PROTEIN | 9g FAT |

Weight: 58g

Chicken Goujon (baked)

| 6g CARBS | 83 CALS | 6g PROTEIN | 4g FAT |

Weight: 30g

Chicken Breast (skinless)

| 0g CARBS | 296 CALS | 64g PROTEIN | 4g FAT |

Weight: 200g (large)

Roast Chicken (with skin)

| 0g CARBS | 163 CALS | 25g PROTEIN | 7g FAT |

Weight: 92g

Wafer-thin Chicken

| 1g CARBS | 16 CALS | 2g PROTEIN | 1g FAT |

Weight: 12g

Chicken Drumstick

| 0g CARBS | 139 CALS | 19g PROTEIN | 7g FAT |

Weight: 75g

BBQ Chicken Wings

| 6g CARBS | 370 CALS | 37g PROTEIN | 22g FAT |

Weight: 135g

Cod (baked)

| 0g CARBS | 120 CALS | 27g PROTEIN | 2g FAT |

Weight: 125g

Tuna Steak (grilled)

0g CARBS	181 CALS	39g PROTEIN	2g FAT

Weight: 130g

Trout Fillet (grilled)

0g CARBS	142 CALS	23g PROTEIN	6g FAT

Weight: 105g

Salmon Steak (grilled)

0g CARBS	280 CALS	31g PROTEIN	17g FAT

Weight: 130g

Smoked Salmon

0g CARBS	71 CALS	13g PROTEIN	2g FAT

Weight: 50g

Smoked Mackerel

| 0g CARBS | 266 CALS | 14g PROTEIN | 23g FAT |

Weight: 75g

Prawns (boiled)

| 0g CARBS | 99 CALS | 23g PROTEIN | 1g FAT |

Weight: 100g

King Prawns (boiled)

0g CARBS	99 CALS	23g PROTEIN	1g FAT

Weight: 100g

Tuna (tinned in brine)

0g CARBS	69 CALS	16g PROTEIN	0g FAT

Weight: 70g (half tin)

Salmon (tinned in brine)

| 0g CARBS | 142 CALS | 18g PROTEIN | 8g FAT |

Weight: 85g (half tin)

Sardines (in tomato sauce)

| 1g CARBS | 162 CALS | 17g PROTEIN | 10g FAT |

Weight: 100g (full tin)

Fish (battered, baked)

| 19g CARBS | 274 CALS | 17g PROTEIN | 15g FAT |

Weight: 130g

Fish (breaded, baked)

| 16g CARBS | 243 CALS | 16g PROTEIN | 12g FAT |

Weight: 106g

Fish Cake (baked)

18g CARBS	139 CALS	9g PROTEIN	4g FAT

Weight: 90g

Fish Finger (grilled)

3g CARBS	40 CALS	3g PROTEIN	2g FAT

Weight: 20g

Fish Goujon (baked)

4g CARBS	56 CALS	5g PROTEIN	4g FAT

Weight: 30g

Scampi (fried)

29g CARBS	332 CALS	13g PROTEIN	19g FAT

Weight: 140g

Haggis

20g CARBS	326 CALS	11g PROTEIN	23g FAT

Weight: 105g

Chicken Kiev

15g CARBS	348 CALS	24g PROTEIN	22g FAT

Weight: 130g

Pork Pie

28g CARBS	432 CALS	13g PROTEIN	31g FAT

Weight: 119g

Scotch Egg

16g CARBS	289 CALS	14g PROTEIN	19g FAT

Weight: 120g

Cornish Pasty

| 41g CARBS | 433 CALS | 11g PROTEIN | 26g FAT |

Weight: 162g

Sausage Roll

| 16g CARBS | 241 CALS | 6g PROTEIN | 17g FAT |

Weight: 63g

Sausage & Beans (tinned)

30g CARBS	229 CALS	12g PROTEIN	7g FAT

Weight: 210g (half tin)

60g CARBS	463 CALS	24g PROTEIN	14g FAT

Weight: 425g (full tin)

Quorn

| 5g CARBS | 116 CALS | 18g PROTEIN | 3g FAT |

Weight: 100g

Tofu (fried)

| 2g CARBS | 209 CALS | 19g PROTEIN | 14g FAT |

Weight: 80g

Cassava Chips (deep fried)

| 47g CARBS | 246 CALS | 1g PROTEIN | 5g FAT |

Weight: 91g

| 119g CARBS | 616 CALS | 2g PROTEIN | 14g FAT |

Weight: 228g

Chips (deep fried)

| **36**g CARBS | **270** CALS | **4**g PROTEIN | **13**g FAT |

Weight: 99g

| **106**g CARBS | **805** CALS | **12**g PROTEIN | **40**g FAT |

Weight: 295g

Chips (oven)

| 30g CARBS | 162 CALS | 3g PROTEIN | 4g FAT |

Weight: 100g

| 90g CARBS | 491 CALS | 10g PROTEIN | 13g FAT |

Weight: 303g

Dauphinoise Potatoes

| 20g CARBS | 363 CALS | 4g PROTEIN | 31g FAT |

Weight: 147g

| 50g CARBS | 921 CALS | 9g PROTEIN | 78g FAT |

Weight: 373g

Gnocchi

| 55g CARBS | 245 CALS | 6g PROTEIN | 0g FAT |

Weight: 160g

| 137g CARBS | 615 CALS | 14g PROTEIN | 1g FAT |

Weight: 402g

Jacket Potato (baked)

| 35g CARBS | 152 CALS | 4g PROTEIN | 0g FAT |

Weight: 158g

| 75g CARBS | 333 CALS | 9g PROTEIN | 1g FAT |

Weight: 348g

Mashed Potato (with butter)

36g CARBS	244 CALS	4g PROTEIN	10g FAT

Weight: 235g

91g CARBS	614 CALS	11g PROTEIN	25g FAT

Weight: 590g

New Potatoes (boiled)

20g CARBS	86 CALS	2g PROTEIN	0g FAT

Weight: 130g

60g CARBS	257 CALS	5g PROTEIN	1g FAT

Weight: 390g

Potato Faces (baked)

| 10g CARBS | 72 CALS | 1g PROTEIN | 3g FAT |

Weight: 34g

| 42g CARBS | 290 CALS | 4g PROTEIN | 12g FAT |

Weight: 136g

Roast Potatoes

25g CARBS	142 CALS	3g PROTEIN	4g FAT

Weight: 95g

70g CARBS	402 CALS	8g PROTEIN	12g FAT

Weight: 270g

Sauté Potatoes (baked)

| 20g CARBS | 109 CALS | 2g PROTEIN | 2g FAT |

Weight: 55g

| 50g CARBS | 269 CALS | 6g PROTEIN | 5g FAT |

Weight: 135g

Sweet Potatoes (baked) ···

| 30g CARBS | 124 CALS | 2g PROTEIN | 0g FAT |

Weight: 108g

| 75g CARBS | 311 CALS | 4g PROTEIN | 1g FAT |

Weight: 270g

Wedges (baked)

25g CARBS	156 CALS	2g PROTEIN	5g FAT

Weight: 110g

62g CARBS	383 CALS	5g PROTEIN	13g FAT

Weight: 270g

Hash Brown (baked)

10g CARBS	83 CALS	1g PROTEIN	4g FAT

Weight: 44g

Potato Croquette (fried)

5g CARBS	47 CALS	1g PROTEIN	3g FAT

Weight: 22g

Potato Rosti (baked)

| 20g CARBS | 155 CALS | 2g PROTEIN | 7g FAT |

Weight: 80g

Potato Waffle (baked)

| 15g CARBS | 119 CALS | 2g PROTEIN | 6g FAT |

Weight: 49g

Bulgar Wheat

| 40g CARBS | 188 CALS | 5g PROTEIN | 1g FAT |

Weight: 200g

Quinoa

| 40g CARBS | 220 CALS | 10g PROTEIN | 4g FAT |

Weight: 172g

Couscous

| 25g CARBS | 121 CALS | 3g PROTEIN | 1g FAT |

Weight: 110g

| 70g CARBS | 336 CALS | 8g PROTEIN | 2g FAT |

Weight: 305g

Noodles (egg)

40g CARBS	200 CALS	6g PROTEIN	4g FAT

Weight: 115g

100g CARBS	496 CALS	16g PROTEIN	11g FAT

Weight: 285g

Noodles (rice)

| 40g CARBS | 175 CALS | 2g PROTEIN | 0g FAT |

Weight: 142g

| 100g CARBS | 440 CALS | 6g PROTEIN | 0g FAT |

Weight: 358g

Pasta (bows)

| 30g CARBS | 148 CALS | 5g PROTEIN | 1g FAT |

Weight: 88g

| 90g CARBS | 445 CALS | 14g PROTEIN | 3g FAT |

Weight: 265g

Pasta (macaroni)

| 30g CARBS | 152 CALS | 5g PROTEIN | 1g FAT |

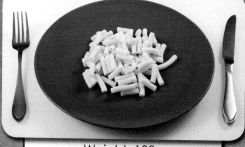

Weight: 100g

| 90g CARBS | 456 CALS | 16g PROTEIN | 3g FAT |

Weight: 300g

Pasta (penne)

| 30g CARBS | 150 CALS | 5g PROTEIN | 1g FAT |

Weight: 90g

| 90g CARBS | 443 CALS | 14g PROTEIN | 3g FAT |

Weight: 265g

Pasta (shells)

| 30g CARBS | 147 CALS | 5g PROTEIN | 1g FAT |

Weight: 88g

| 90g CARBS | 443 CALS | 14g PROTEIN | 3g FAT |

Weight: 265g

Pasta (tagliatelle)

30g CARBS	158 CALS	5g PROTEIN	1g FAT

Weight: 90g

90g CARBS	473 CALS	14g PROTEIN	3g FAT

Weight: 270g

Pasta (twirls)

| 30g CARBS | 148 CALS | 5g PROTEIN | 1g FAT |

Weight: 88g

| 90g CARBS | 445 CALS | 14g PROTEIN | 3g FAT |

Weight: 265g

Pasta (twists)

| 30g CARBS | 149 CALS | 5g PROTEIN | 1g FAT |

Weight: 88g

| 90g CARBS | 439 CALS | 14g PROTEIN | 3g FAT |

Weight: 260g

Pasta (vermicelli)

| 30g CARBS | 161 CALS | 6g PROTEIN | 2g FAT |

Weight: 125g

| 90g CARBS | 484 CALS | 19g PROTEIN | 5g FAT |

Weight: 375g

Rice (white)

30g CARBS	132 CALS	2g PROTEIN	1g FAT

Weight: 96g

90g CARBS	400 CALS	8g PROTEIN	4g FAT

Weight: 290g

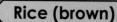

Rice (brown)

| 30g CARBS | 134 CALS | 2g PROTEIN | 1g FAT |

Weight: 95g

| 90g CARBS | 395 CALS | 7g PROTEIN | 3g FAT |

Weight: 280g

Rice (sticky white)

| 41g CARBS | 212 CALS | 4g PROTEIN | 3g FAT |

Weight: 155g

Polenta

| 20g CARBS | 94 CALS | 2g PROTEIN | 0g FAT |

Weight: 130g

Ravioli (fresh, meat-filled)

| 30g CARBS | 204 CALS | 9g PROTEIN | 5g FAT |

Weight: 115g

| 90g CARBS | 611 CALS | 28g PROTEIN | 15g FAT |

Weight: 345g

Spaghetti (white)

| 30g CARBS | 149 CALS | 5g PROTEIN | 1g FAT |

Weight: 95g

| 90g CARBS | 447 CALS | 15g PROTEIN | 3g FAT |

Weight: 285g

Spaghetti (wholemeal)

| 30g CARBS | 151 CALS | 6g PROTEIN | 1g FAT |

Weight: 105g

| 90g CARBS | 446 CALS | 16g PROTEIN | 3g FAT |

Weight: 310g

Tortellini (fresh, cheese-filled)

45g CARBS	308 CALS	13g PROTEIN	9g FAT

Weight: 142g

139g CARBS	959 CALS	41g PROTEIN	27g FAT

Weight: 442g

Pasta Shapes (tinned)

| 26g CARBS | 126 CALS | 4g PROTEIN | 1g FAT |

Weight: 210g (half tin)

| 52g CARBS | 255 CALS | 8g PROTEIN | 2g FAT |

Weight: 425g (full tin)

Ravioli in Tomato Sauce

22g CARBS	147 CALS	6g PROTEIN	5g FAT

Weight: 210g (half tin)

44g CARBS	298 CALS	13g PROTEIN	9g FAT

Weight: 425g (full tin)

Spaghetti in Tomato Sauce

| **30**g CARBS | **134** CALS | **4**g PROTEIN | **1**g FAT |

Weight: 210g (half tin)

| **60**g CARBS | **272** CALS | **8**g PROTEIN | **2**g FAT |

Weight: 425g (full tin)

Spaghetti Hoops in Tomato Sauce

| 26g CARBS | 122 CALS | 4g PROTEIN | 0g FAT |

Weight: 210g (half tin)

| 52g CARBS | 244 CALS | 7g PROTEIN | 1g FAT |

Weight: 420g (full tin)

Apple Chutney

| 10g CARBS | 38 CALS | 0g PROTEIN | 0g FAT |

Weight: 20g

Brown Sauce

| 5g CARBS | 21 CALS | 0g PROTEIN | 0g FAT |

Weight: 21g

Cranberry Sauce

6g CARBS	21 CALS	0g PROTEIN	0g FAT

Weight: 14g

Horseradish

5g CARBS	40 CALS	1g PROTEIN	2g FAT

Weight: 26g

Ketchup

| 5g CARBS | 22 CALS | 0g PROTEIN | 0g FAT |

Weight: 19g

Mint Sauce

| 5g CARBS | 21 CALS | 0g PROTEIN | 0g FAT |

Weight: 21g

Piccalilli

4g CARBS	18 CALS	0g PROTEIN	0g FAT

Weight: 22g

Pickle

10g CARBS	39 CALS	0g PROTEIN	0g FAT

Weight: 28g

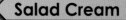

Salad Cream

| 5g CARBS | 94 CALS | 0g PROTEIN | 8g FAT |

Weight: 27g

Sweet Chilli Sauce

| 6g CARBS | 23 CALS | 0g PROTEIN | 0g FAT |

Weight: 10g

Tartar Sauce

5g CARBS	78 CALS	0g PROTEIN	6g FAT

Weight: 26g

Thousand Island

5g CARBS	116 CALS	0g PROTEIN	11g FAT

Weight: 36g

Olive / Vegetable Oil

| 0g CARBS | 99 CALS | 0g PROTEIN | 11g FAT |

Weight: 11g (tablespoon)

Mayonnaise

| 0g CARBS | 104 CALS | 0g PROTEIN | 11g FAT |

Weight: 15g

Butter

0g CARBS	74 CALS	0g PROTEIN	8g FAT

Weight: 10g

Honey

8g CARBS	29 CALS	0g PROTEIN	0g FAT

Weight: 10g (teaspoon)

Jam

10g CARBS	39 CALS	0g PROTEIN	0g FAT

Weight: 15g (teaspoon)

Marmalade

10g CARBS	39 CALS	0g PROTEIN	0g FAT

Weight: 15g (teaspoon)

Sugar

| 5g CARBS | 20 CALS | 0g PROTEIN | 0g FAT |

Weight: 5g (teaspoon)

Chocolate Nut Spread

| 9g CARBS | 82 CALS | 1g PROTEIN | 5g FAT |

Weight: 15g

Lemon Curd

| 9g CARBS | 42 CALS | 0g PROTEIN | 1g FAT |

Weight: 15g

Peanut Butter (crunchy)

| 2g CARBS | 91 CALS | 4g PROTEIN | 8g FAT |

Weight: 15g

Peanut Butter (smooth)

2g CARBS	92 CALS	4g PROTEIN	8g FAT

Weight: 15g

Single Cream

0g CARBS	31 CALS	1g PROTEIN	3g FAT

Weight: 16g (tablespoon)

Double Cream

| 0g CARBS | 79 CALS | 0g PROTEIN | 9g FAT |

Weight: 16g (tablespoon)

Clotted Cream

| 0g CARBS | 59 CALS | 0g PROTEIN | 6g FAT |

Weight: 10g

Crisps

20g CARBS	201 CALS	2g PROTEIN	13g FAT

Weight: 38g

50g CARBS	498 CALS	5g PROTEIN	32g FAT

Weight: 94g

Bombay Mix

| 10g CARBS | 141 CALS | 5g PROTEIN | 9g FAT |

Weight: 28g

Cashew Nuts

| 5g CARBS | 171 CALS | 6g PROTEIN | 14g FAT |

Weight: 28g

Dried Fruit & Nuts

| 10g CARBS | 99 CALS | 2g PROTEIN | 5g FAT |

Weight: 22g

Peanuts (roasted)

| 5g CARBS | 421 CALS | 17g PROTEIN | 37g FAT |

Weight: 70g

Popcorn (with butter)

10g	119	1g	9g
CARBS	CALS	PROTEIN	FAT

Weight: 20g

25g	302	3g	22g
CARBS	CALS	PROTEIN	FAT

Weight: 51g

Popcorn (sweet)

35g CARBS	216 CALS	1g PROTEIN	9g FAT

Weight: 45g

88g CARBS	542 CALS	2g PROTEIN	23g FAT

Weight: 113g

Prawn Crackers

| 10g CARBS | 103 CALS | 0g PROTEIN | 7g FAT |

Weight: 18g

Tortilla Chips

| 30g CARBS | 230 CALS | 4g PROTEIN | 11g FAT |

Weight: 50g

Houmous

10g CARBS	168 CALS	7g PROTEIN	11g FAT

Weight: 90g

Pretzels

21g CARBS	99 CALS	2g PROTEIN	1g FAT

Weight: 26g

Fudge

| 20g CARBS | 110 CALS | 1g PROTEIN | 3g FAT |

Weight: 25g

Chocolate Mint

| 9g CARBS | 70 CALS | 1g PROTEIN | 3g FAT |

Weight: 15g

Chocolate (milk)

| 19g CARBS | 172 CALS | 3g PROTEIN | 10g FAT |

Weight: 33g

| 48g CARBS | 442 CALS | 7g PROTEIN | 26g FAT |

Weight: 85g

Chocolate (dark)

| 20g CARBS | 163 CALS | 2g PROTEIN | 9g FAT |

Weight: 32g

| 50g CARBS | 398 CALS | 4g PROTEIN | 22g FAT |

Weight: 78g

Individual Chocolate

| 8g CARBS | 71 CALS | 1g PROTEIN | 4g FAT |

Weight: 14g

Licorice Allsorts

| 9g CARBS | 42 CALS | 0g PROTEIN | 1g FAT |

Weight: 12g

Cola Bottles

| 10g CARBS | 43 CALS | 1g PROTEIN | 0g FAT |

Weight: 13g

Jelly Babies

| 15g CARBS | 62 CALS | 1g PROTEIN | 0g FAT |

Weight: 18g

Jelly Beans

| 10g CARBS | 40 CALS | 0g PROTEIN | 0g FAT |

Weight: 11g

Wine Gums

| 10g CARBS | 45 CALS | 1g PROTEIN | 0g FAT |

Weight: 14g

Fish Stew & Jollof Rice

| 96g CARBS | 1024 CALS | 42g PROTEIN | 55g FAT |

115g fish, 303g rice, 115g veg

Fufu (yam)

| 99g CARBS | 411 CALS | 6g PROTEIN | 1g FAT |

Weight: 265g

Beef Burger (with cheese)

| **31**g CARBS | **519** CALS | **37**g PROTEIN | **29**g FAT |

Weight: 181g

Chicken Burger

| **45**g CARBS | **398** CALS | **24**g PROTEIN | **15**g FAT |

Weight: 168g

Veggie Burger

| 41g CARBS | 321 CALS | 15g PROTEIN | 12g FAT |

Weight: 158g

French Fries

| 54g CARBS | 448 CALS | 5g PROTEIN | 25g FAT |

Weight: 160g (medium)

Fried Fish, Rice & Peas

113g CARBS | **1110** CALS | **48g** PROTEIN | **55g** FAT

230g fish, 300g rice & peas

Goat & Potato Curry, Rice & Peas

154g CARBS | **1718** CALS | **71g** PROTEIN | **101g** FAT

450g curry, 300g rice & peas

Jerk Chicken, Rice & Peas

| 98g CARBS | 1023 CALS | 62g PROTEIN | 45g FAT |

420g chicken, 300g rice & peas

Jamaican Beef Patty

| 54g CARBS | 551 CALS | 11g PROTEIN | 33g FAT |

Weight: 170g

Rice & Peas

91g CARBS	480 CALS	16g PROTEIN	8g FAT

Weight: 300g (full tray)

Duck Pancake

5g CARBS	106 CALS	5g PROTEIN	5g FAT

Weight: 50g

Chicken Balls

| 20g CARBS | 357 CALS | 17g PROTEIN | 20g FAT |

Weight: 140g (half tray)

Prawn Toast

| 10g CARBS | 234 CALS | 8g PROTEIN | 18g FAT |

Weight: 61g

Beef Chow Mein

| 80g CARBS | 741 CALS | 37g PROTEIN | 33g FAT |

Weight: 545g (full tray)

Chinese Chicken Curry

| 10g CARBS | 551 CALS | 44g PROTEIN | 37g FAT |

Weight: 380g (full tray)

Singapore Noodles

| 52g CARBS | 447 CALS | 24g PROTEIN | 16g FAT |

Weight: 410g (full tray)

Egg Fried Rice

| 120g CARBS | 670 CALS | 15g PROTEIN | 18g FAT |

Weight: 360g (full tray)

Spring Roll

| 15g CARBS | 152 CALS | 5g PROTEIN | 9g FAT |

Weight: 70g

Spare Ribs

| 31g CARBS | 747 CALS | 55g PROTEIN | 45g FAT |

Weight: 305g (full tray)

Chip Shop - Fish

| 39g CARBS | 815 CALS | 53g PROTEIN | 51g FAT |

Weight: 330g

Battered Sausage

| 25g CARBS | 421 CALS | 16g PROTEIN | 29g FAT |

Weight: 137g

Chip Shop - Chips

| 40g CARBS | 311 CALS | 4g PROTEIN | 16g FAT |

Weight: 130g

| 120g CARBS | 944 CALS | 13g PROTEIN | 49g FAT |

Weight: 395g

Onion Bhaji

15g CARBS	**205** CALS	**6**g PROTEIN	**14**g FAT

Weight: 66g

Pakora

10g CARBS	**106** CALS	**3**g PROTEIN	**7**g FAT

Weight: 45g

Samosa (meat)

11g CARBS	158 CALS	7g PROTEIN	11g FAT

Weight: 58g

Chicken Tikka Masala

10g CARBS	581 CALS	48g PROTEIN	39g FAT

Weight: 370g (full tray)

King Prawn Bhuna

| 8g CARBS | 410 CALS | 29g PROTEIN | 30g FAT |

Weight: 350g (full tray)

Lamb Rogan Josh

| 14g CARBS | 522 CALS | 50g PROTEIN | 32g FAT |

Weight: 350g (full tray)

Bombay Potatoes

41g CARBS	**354** CALS	**6g** PROTEIN	**20g** FAT

Weight: 300g (full tray)

Sag Aloo Gobi

18g CARBS	**247** CALS	**6g** PROTEIN	**18g** FAT

Weight: 260g (full tray)

Sweet Mango Chutney

| 16g CARBS | 62 CALS | 0g PROTEIN | 0g FAT |

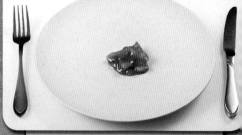

Weight: 33g

Doner Kebab

| 80g CARBS | 1053 CALS | 53g PROTEIN | 60g FAT |

Weight: 415g (large)

Shish Kebab

| 80g CARBS | 762 CALS | 62g PROTEIN | 24g FAT |

Weight: 415g (large)

Falafel in Pitta

| 100g CARBS | 647 CALS | 22g PROTEIN | 21g FAT |

Weight: 350g (large)

Pizza (meat, deep pan)

41g CARBS	353 CALS	18g PROTEIN	14g FAT

Weight: 140g

Pizza (vegetable, thin crust)

26g CARBS	252 CALS	12g PROTEIN	11g FAT

Weight: 100g

Pizza (pepperoni, stuffed crust)

| 40g CARBS | 339 CALS | 17g PROTEIN | 15g FAT |

Weight: 130g

Thai Green Curry

| 13g CARBS | 542 CALS | 58g PROTEIN | 29g FAT |

Weight: 390g (full tray)

Phad Thai

| **97**g CARBS | **649** CALS | **29**g PROTEIN | **17**g FAT |

Weight: 400g (full tray)

Pineapple, Chicken & Prawn Rice

| **139**g CARBS | **965** CALS | **30**g PROTEIN | **32**g FAT |

Weight: 500g (full tray)

Asparagus (boiled)

| 1g CARBS | 21 CALS | 3g PROTEIN | 1g FAT |

Weight: 80g

Aubergine (fried)

| 2g CARBS | 181 CALS | 1g PROTEIN | 19g FAT |

Weight: 60g

Avocado

| 1g CARBS | 134 CALS | 1g PROTEIN | 14g FAT |

Weight: 70g (half)

Beetroot (boiled)

| 7g CARBS | 32 CALS | 2g PROTEIN | 0g FAT |

Weight: 70g

Baked Beans

| 30g CARBS | 164 CALS | 10g PROTEIN | 1g FAT |

Weight: 195g (half tin)

| 60g CARBS | 328 CALS | 20g PROTEIN | 2g FAT |

Weight: 390g (full tin)

Broad Beans (boiled)

3g	29	3g	0g
CARBS	CALS	PROTEIN	FAT

Weight: 60g

Green Beans (boiled)

2g	18	1g	0g
CARBS	CALS	PROTEIN	FAT

Weight: 80g

Kidney Beans

| 20g CARBS | 115 CALS | 8g PROTEIN | 1g FAT |

Weight: 115g

Mung Beans

| 15g CARBS | 86 CALS | 7g PROTEIN | 0g FAT |

Weight: 95g

Broccoli (boiled)

| 1g CARBS | 19 CALS | 2g PROTEIN | 1g FAT |

Weight: 80g

Butternut Squash (baked)

| 10g CARBS | 42 CALS | 1g PROTEIN | 0g FAT |

Weight: 130g

Cabbage (boiled)

2g CARBS	13 CALS	1g PROTEIN	0g FAT

Weight: 80g

Carrots (boiled)

4g CARBS	19 CALS	0g PROTEIN	0g FAT

Weight: 80g

Cauliflower (boiled)

| 2g CARBS | 22 CALS | 2g PROTEIN | 1g FAT |

Weight: 80g

Celery

| 1g CARBS | 4 CALS | 0g PROTEIN | 0g FAT |

Weight: 60g

Cherry Tomatoes

| 2g CARBS | 14 CALS | 1g PROTEIN | 0g FAT |

Weight: 80g

Chick Peas

| 20g CARBS | 144 CALS | 9g PROTEIN | 4g FAT |

Weight: 125g

Courgette (boiled)

2g CARBS	15 CALS	2g PROTEIN	0g FAT

Weight: 80g

Cucumber

1g CARBS	4 CALS	0g PROTEIN	0g FAT

Weight: 44g

Peas

| 10g CARBS | 69 CALS | 6g PROTEIN | 1g FAT |

Weight: 100g

Mushy Peas

| 20g CARBS | 117 CALS | 8g PROTEIN | 1g FAT |

Weight: 145g

Peppers

| 2g CARBS | 9 CALS | 0g PROTEIN | 0g FAT |

Weight: 60g

Plantain (fried)

| 40g CARBS | 224 CALS | 1g PROTEIN | 8g FAT |

Weight: 84g

Mushrooms (fried)

| 0g CARBS | 63 CALS | 1g PROTEIN | 6g FAT |

Weight: 40g

Okra (boiled)

| 2g CARBS | 22 CALS | 2g PROTEIN | 1g FAT |

Weight: 80g

Onions (fried)

| 4g CARBS | 49 CALS | 1g PROTEIN | 3g FAT |

Weight: 30g

Parsnips (baked)

| 24g CARBS | 160 CALS | 3g PROTEIN | 7g FAT |

Weight: 115g

Leek (boiled)

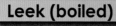

3g CARBS	21 CALS	1g PROTEIN	1g FAT

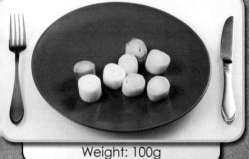

Weight: 100g

Lentils

20g CARBS	126 CALS	11g PROTEIN	1g FAT

Weight: 120g

Lettuce

| 1g CARBS | 7 CALS | 0g PROTEIN | 0g FAT |

Weight: 50g

Mange Tout

| 2g CARBS | 16 CALS | 2g PROTEIN | 0g FAT |

Weight: 60g

Radishes

0g CARBS	**3** CALS	**0g** PROTEIN	**0g** FAT

Weight: 24g

Salad Leaves

1g CARBS	**6** CALS	**0g** PROTEIN	**0g** FAT

Weight: 40g

Spinach (boiled)

1g CARBS	15 CALS	2g PROTEIN	1g FAT

Weight: 80g

Spring Greens (boiled)

1g CARBS	16 CALS	2g PROTEIN	1g FAT

Weight: 80g

Sprouts (boiled)

| 4g CARBS | 35 CALS | 3g PROTEIN | 1g FAT |

Weight: 100g

Sugar Snap Peas (boiled)

| 4g CARBS | 26 CALS | 2g PROTEIN | 0g FAT |

Weight: 80g

Sweetcorn

20g CARBS	92 CALS	2g PROTEIN	1g FAT

Weight: 75g

Corn on the Cob

20g CARBS	112 CALS	4g PROTEIN	2g FAT

Weight: 170g

Tomato

| 4g CARBS | 20 CALS | 1g PROTEIN | 0g FAT |

Weight: 115g (whole)

Yam (boiled)

| 40g CARBS | 160 CALS | 2g PROTEIN | 0g FAT |

Weight: 120g

Data Sources

Carbohydrate, calorie, protein and fat values were referenced from:

- *Dietplan (version 6.60)*, Forestfield Software Limited.
- Food Standards Agency (2002) *McCance & Widdowson's: the Composition of Foods (6th Edition)*, Royal Society of Chemistry.
- Food Standards Agency *UK Food Nutrient Databank*.
- Juliette Kellow et al (2010) *The Calorie, Carb and Fat Bible 2010*, Weight Loss Resources Limited.

Other reference values were taken using an average of commercially available products or calculated from recipes (which are available at www.carbsandcals.com). Some values have been estimated based on similar foods. Please note that values in this book are to be used as a guide only. The authors cannot accept any liability for any consequences arising from the use of the information contained within this book. Every effort has been made to ensure figures represent a true and fair value of carbohydrate, calorie, protein and fat content of food & drinks included, but these values can vary between brands, recipes and food preparation methods.